Batidos con leche

dulces y picantes

> Autora: **Cornelia Schinharl** | Fotografías: **Kai Mewes**

EVEREST

Contenidos

Teoría

Recetas

Extra

¡El placer en estado puro!

Todo el mundo ha probado alguna vez un batido de leche con fresa. Fue la primera creación de la primera batidora de todas nuestras madres. ¡Y lo bueno que estaba! Ese fue el punto de partida de otros batidos con fruta y en ocasiones incluso con verdura. Nuestros amigos italianos nos han regalado el capuchino, y el chocolate caliente nos ha consolado desde siempre en más de una ocasión. No cuesta entender que la leche nos mime literalmente, todos los días y cada vez de forma diferente. ¡Así es la leche!

Leche: sana variedad

Lo que contiene

Su nombre sale casi siempre en primer lugar cuando se habla de la leche: no existe alimento alguno que contenga tanta cantidad de él: hablamos del calcio, que es vital para la formación de los huesos. El calcio es también importante en el caso de que ya no se construya ninguna masa ósea, pues se encarga de mantener estable nuestro esqueleto. Con sólo $\frac{1}{2}$ litro de leche y 2 lonchas de queso, cualquier persona puede cubrir sus necesidades diarias de forma placentera. Otros elementos que contiene la leche son: el magnesio, que es bueno para el corazón y protege de los calambres musculares, y el yodo, que ayuda al tiroides. Las vitaminas A y D, así como numerosas vitaminas del grupo B, se encargan de la consecución perfecta de muchas funciones del cuerpo; desde la obtención de energía hasta la formación de los glóbulos rojos en la sangre. Las proteínas de la leche son especialmente ricas, ya que contienen una gran cantidad de aminoácidos vitales que el cuerpo no puede formar por sí solo. La grasa tan fácilmente digerible de la leche es muy saludable y facilita la asimilación de vitaminas liposolubles. El azúcar de la leche (lactosa) cuida de que tengamos una sana flora intestinal, y facilita la asimilación del calcio.

Tipos de leche

La mayor parte de la leche se pasteuriza y homogeneiza para erradicar posibles agentes patógenos y mejorar su consistencia. En la pasteurización, se calienta la leche de 15 a 30 segundos entre 72 y 75 °C (161-167 °F); a esto se le llama también calentamiento breve. La leche pasteurizada se conserva en la nevera unos 5 días. Durante el calentamiento ultraintenso, la leche se calienta unos segundos a una temperatura mínima de 135 °C (275 °F) y se envasa de forma muy meticulosa. Así, la leche homogeneizada se conserva, si no se abre y se mantiene en la nevera, como mínimo 8 semanas. Gracias a la gran presión durante la homogeneización, la lactosa se divide y se distribuye por toda la leche, por lo que no precipitan los sólidos lácteos. La leche entera posee un contenido en materia grasa del 3,5 %; la leche semidesnatada, del 1,5 %; y la leche desnatada, del 0,3 %.

Los productos lácteos

El suero de leche se forma durante la elaboración de la mantequilla. Es bajo en grasas y ligeramente ácido, de sabor refrescante, y cuenta con los nutrientes básicos de la leche. El kéfir es una bebida a base de leche fermentada, de baja graduación alcóholica y sabor algo ácido. El yogur y la nata son los lácteos más comunes y presentan diferentes contenidos en grasa. El queso, el requesón y la cuajada son derivados lácteos sólidos igualmente populares.

> *Durante los primeros años, el calcio es fundamental para los huesos.*

Consejos y trucos

Triturar fácilmente

➤ Los batidos salen especial-mente suaves si previamente se tritura bien la fruta o la verdura con sólo un poco del líquido con el que se vaya a mezclar, y se añade poste-riormente el resto del líqui-do. Sin embargo, al final hay que volver a batirlo todo jun-to bien fuerte.

Frutas que no combinan bien con la leche

➤ La piña cruda contiene bromeli-na, los kiwis actinidina; enzi-mas que dividen las proteínas lácteas. Los batidos con estas frutas saben amargos al cabo de un rato. El calor inhibe los enzimas. Por ello, beba los batidos con piña y kiwi sin demora o utilice fruta cocida.

Los cítricos son muy ácidos. Si se calientan en gran cantidad con la leche, pueden cortarla.

Cómo exprimir los cítricos

➤ Tanto si se trata de naranjas, como de limones, limas o pomelos, estas frutas dan mayor cantidad de zumo al exprimirlas si, antes de cor-tarlas por la mitad y expri-mirlas, se las presiona un poco sobre la superficie de trabajo y se ruedan de un lado para otro con la mano.

Copas y vasos

➤ Especialmente atractivos son las copas y los vasos altos. Además, ofrecen una buena protección cuando se baten de nuevo brevemente los batidos para hacer mayor cantidad de espuma justo antes de servirlos.

Los aficionados a los batidos calientes, deben elegir vasos resistentes al calor, con pare-des gruesas. Una cuchara de plata colocada en el vaso en el que se vaya a verter la bebida es otra protección.

Exprimir el zumo uno mismo

➤ No todos los zumos se pueden comprar en cualquier lugar y en cualquier momento. Con la ayu-da de un exprimidor podemos hacer los zumos nosotros mis-mos. O de forma manual: cueza las frutas frescas (son ideales las que están llenas de jugo como las bayas) en poca canti-dad de agua hasta que se ablanden, échelas en un colador cubierto con un trapo y déjelas escurrir. A continuación, exprí-malas con el trapo.

Preparar la fruta y la verdura

➤ La fruta y la verdura destina-das a la elaboración de las bebidas deben estar madu-ras, pero no demasiado.

Recorte siempre las zonas marrones y con golpes, y deshágase de la fruta demasiado blanda.

Lave las bayas con mucho cuidado, ya que se hinchan fácilmente con el agua, lo que provoca a su vez que ya no resulten tan sabrosas.

Pequeñas ayudas en la cocina

La trituradora eléctrica: este gran envase con sus pequeñas cuchillas instaladas en su interior es ideal para triturar. Primero, añada la fruta o la verdura con poco líquido en la trituradora, y tritúrelo todo muy fino. A continuación, añada poco a poco el resto del líquido a través de la abertura de la tapa. El sustituto: la batidora.

La batidora eléctrica: funciona de forma similar a la trituradora. Vierta los ingredientes en un envase alto, y tritúrelos con la batidora. A continuación, pase el puré por un colador si fuera necesario. Bátalo todo de nuevo con el resto de los ingredientes del batido. **El sustituto:** la trituradora.

La coctelera: para las bebidas con leche compuestas por ingredientes líquidos, se puede utilizar también la coctelera. Vierta dentro los ingredientes y agítela bien durante unos 15 segundos. Viértasu contenido en las copas previamente preparadas.

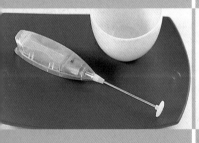

La minibatidora: este pequeño aparato que funciona a pilas, posee en su extremo un pequeño batidor, que remueve con gran velocidad las bebidas. Manténgalo en el fondo del envase y póngalo en marcha. A continuación, súbalo poco a poco hacia la superficie. ¡Apáguelo antes de sacarlo!

La cacerola para hacer espuma: funciona de forma similar a la minibatidora. Caliente la leche en la cacerola. Coloque entonces la tapa y mueva repetidamente con movimientos rápidos de arriba abajo la rejilla interna con ayuda del eje.

Las varillas: quien no disponga de una minibatidora a pilas ni de una cacerola para montar espuma, que utilice las tan socorridas varillas, mejor si se trata de un modelo un poco más pequeño, para batir la leche hasta que esté bien cremosa.

Siropes caseros

Sirope de chocolate

Para ³/₈ l (12 fl oz) de sirope, rallar 100 g (4 oz) de cobertura semiamarga y derretirla al baño María. Agregar 25 g (1 oz) de cacao en polvo con 5 o 6 cs de leche fría, y mezclarlo todo con ¹/₈ l (4 fl oz) de leche, 125 g (5 oz) de nata y 50 g (2 oz) de azúcar en una cacerola. Llevarlo a ebullición. Batirlo con las varillas y añadir la cobertura derretida. Verter el sirope en una botella y cerrarla. Guardarla en la nevera. **Conservación: entre 3 y 6 meses.**

Sirope de caramelo

Para 300 ml (10 fl oz) de sirope, caramelizar 250 g (9 oz) de azúcar en una cacerola a fuego medio sin dejar de remover. Calentar ¹/₄ l (9 fl oz) de agua y agregarlo (¡ojo!: salpicará bastante). El caramelo se solidificará de nuevo brevemente. Continuar cociéndolo sin dejar de removerlo hasta que se derrita otra vez. Verter el sirope en una botella y cerrarla. Guardar en la nevera. **Conservación: 1 año.**

Sirope de café

Para 350 ml (12 fl oz) de sirope, disolver 250 g (9 oz) de azúcar en una olla con 100 ml (3¹/₂ fl oz) de agua y dejar que se deshaga. Mantener hirviendo a borbotones unos 5 min, añadir a continuación 200 ml (7 fl oz) de café recién hecho y retirar de inmediato la olla del fuego (el café suele salirse con facilidad). Agregar entre 1 y 2 cs de licor de naranja (o ralladura de naranja). Verter el sirope en una botella y cerrarla. Guardar en la nevera. **Conservación: 1 año.**

Sirope de frutas

Para ³/₈ l de sirope, calentar ¹/₂ l (17 fl oz) de zumo de frutas (por ejemplo de naranja, grosella, ciruela, cereza) con 300 g (11 oz) de azúcar en una olla y hervirlo sin tapar unos 10 min hasta que el líquido espese. Condimentar, si se desea, con 1 ct de ralladura de limón. Verter el sirope en una botella y cerrarla. Guardar en la nevera. **Conservación: 1 año. También está muy rico:** utilizando vino tinto en lugar de zumo de frutas.

Hacer fiestas
con batidos

Los batidos saben tan buenos que se pueden aprovechar para convertirlos en el foco de atención de cualquier acontecimiento, ya sea la fiesta de cumpleaños de un niño, una merienda o una velada íntima para dos: a todos ellos los endulzan perfectamente.

➤ Si hay niños, una cosa está clara: prohibido el alcohol. Los peques prefieren los batidos cremosos con frutas finas como los plátanos, las fresas,

las ciruelas o las frambuesas. Sin embargo, seguro que usted tampoco tiene nada en contra de un chocolate bien caliente. Por cierto, los niños disfrutan enormemente participando en la elaboración de batidos. Así que déjese ayudar.

➤ Si se trata de una fiesta para adultos, elija lo que prefiere. En invierno están muy ricas las bebidas calientes, con o sin alcohol. En verano, resultan más atractivas las

bebidas de frutas exóticas, o también algunas combinaciones con alcohol. Elija recetas con ingredientes y colores variados: así eguro que habrá algo del gusto de todos, y la vista también se deleitará con su contemplación.

➤ Comience la velada íntima para dos preferiblemente con un o dos batidos cremosos y/o jugosos, y conclúyala con un batido con alcohol.

PARA SERVIR

Lo que mejor sirve

✗ Pajitas de colores con una abertura no muy estrecha para sorber mejor el batido.

✗ Cucharas largas para sacar la fruta de los batidos que queda en el fondo de la copa.

✗ Pinchos para la fruta y otros tipos de decoración, lo bastante largos para colocarlos sobre el borde de la copa.

✗ Bonitas copas y vasos, preferiblemente bien altos y con platillo. Queda muy bien con pequeñas servilletas que se colocan sobre los platillos.

✗ Sal gruesa, nueces picadas, coco rallado o azúcar grueso para decorar los bordes de las copas. Para los batidos picantes queda muy bien el gomasio: una mezcla de sal y sésamo que se vende en tiendas de productos dietéticos.

✗ Las frutas o cualquier otro ingrediente que de la bebida se pueden abrir o cortar para ponerlos en el borde de la copa. Especialmente decorativos son: las hojas de las hierbas, la piel de los cítricos cortada en espiral o en tiras, chocolate rallado, nueces picadas o ralladas. ¡La fantasía no tiene límites!

Alternarse al batir

Prepare todos los ingredientes y colóque-
los junto a la batidora. De esta forma puede ser otra persona la que juegue a ser el
camarero y sirva los batidos.

1

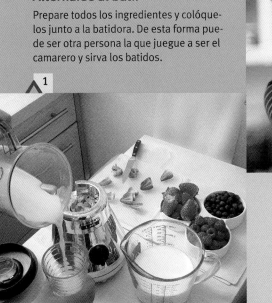

2 Servirlos recién hechos

Fríos o calientes, los batidos saben
mucho mejor y parecen mucho más apeti-
tosos cuando se sirven recién hechos.
Así los ingredientes están perfectamente
mezclados y la leche espumosa presenta
su mejor aspecto.

Disfrutarlos en compañía

3

Ningún batido sabe igual que
otro, pero todos son tan buenos
que cualquiera puede descubrir
y disfrutar del que más le gusta.

Batidos: fríos y dulces

Entre horas, cuando aparece esa hambre incontrolable, son sencillamente idea-les. Las bebidas de fruta o también con chocolate están riquísimas durante el desayuno o entre las comidas. Además, nos aportan importantes nutrientes que nos ponen de nuevo en forma. Pero incluso como postre son siempre bienveni-dos. ¡Pruébelos con bayas, chocolate o nueces!

Recetas rápidas

Batido de leche con miel y avellanas

PARA 2 PERSONAS
- 2 cs de crema de avellana
  2 cs de miel
  400 ml (14 fl oz) de leche
  $1/2$ limón
  1 cs de avellanas

1 | Mezclar la crema con la miel y la leche y batirlo todo bien para hacer espuma.

2 | Lavar la mitad del limón con agua caliente, rallar la piel, exprimir el zumo. Picar las avellanas, machacarlas o rallarlas bien fino.

3 | Condimentar el batido con 2 ó 3 ct de zumo de limón. Verterlo en las copas. Mezclar las avellanas y la ralladura de limón, y espolvorearlo por encima.

Batido de piña y coco

PARA 2 PERSONAS
- 6 rodajas de piña en conserva al natural
  200 ml (7 fl oz) de leche de coco
  200 ml (7 fl oz) de leche
  1 cs de zumo de lima (o zumo de limón)
  2 sobrecitos de azúcar vainillado

1 | Escurrir la piña y cortar en trozos gruesos. Triturarla junto con la leche de coco con ayuda de la trituradora o la batidora.

2 | Añadir a continuación la leche, y después el zumo de lima y el azúcar vainillado y batirlo todo de nuevo con fuerza. Verter los batidos en copas y servirlos de inmediato.

suave | cremoso
Batido de peras y dátiles

PARA 2 PERSONAS

➤ 1 pera jugosa
(pera de agua o Williams)
10 dátiles
300 ml (10 fl oz) de leche
1 cs de sirope de pera
2 ct de zumo de limón
1 pizca de clavo molido

🕐 Elaboración: 10 min
➤ Aprox. 230 kcal por ración

1 | Cortar la pera en cuartos a lo largo, pelarlos y quitarles las pepitas. Cortar la pera troceada en trozos gruesos. Cortar los dátiles a lo largo y quitarles el hueso.

2 | Triturar los trozos de pera junto con los dátiles, la leche, el sirope de pera y el zumo de limón con la trituradora o la batidora. Verterlo en copas y, si así lo desea, batirlo todo de nuevo poco a poco para hacer espuma.

afrutado | ácido
Batido de naranjas con menta

PARA 2 PERSONAS

➤ 2 naranjas sanguinas
4 ramas de menta
3 cs de sirope de caramelo (o azúcar)
¼ l (9 fl oz) de leche
100 g (4 oz) de yogur natural
1 cs de pistachos sin salar

🕐 Elaboración: 15 min
➤ Aprox. 220 kcal por ración

1 | Pelar las naranjas sanguinas, eliminando la piel blanca. Despepitar y picar la pulpa. Lavar la menta, escurrirla y deshojarla. Reservar algunas hojitas para la decoración posterior.

2 | Triturar las naranjas y las hojas de menta con la trituradora o la batidora, y pasarlo por un colador. Mezclar el puré con el sirope, la leche y el yogur. Verterlo en copas. Si lo prefiere, levántarles espuma. Picar fino los pistachos y espolvorearlos por encima.

ácido | cremoso
Batido de espino amarillo

PARA 2 PERSONAS

➤ 1 vaina de vainilla
1 cs de nueces | 1 cs de cacao en polvo | 4 cs de jalea de espino amarillo
400 ml (14 fl oz) de leche
1 cs de helado de vainilla
2 ct de azúcar

🕐 Elaboración: 5 min
➤ Aprox. 145 kcal por ración

1 | Abrir la vaina de vainilla a lo largo y raspar la pulpa con un cuchillo. Picar las nueces.

2 | Triturar las nueces (guardando unas pocas) con el cacao, la jalea, la leche y el helado en la batidora y verterlo todo en las copas. Agregar la pulpa de vainilla y el azúcar, esparcir las nueces reservadas por encima.

CONSEJO La jalea de espino amarillo se vende en tiendas de productos dietéticos. En su defecto, puede usar jalea o mermelada de escaramujo.

sabroso | exótico

Batido de caqui con jengibre

PARA 2 PERSONAS

➤ 1 caqui (aprox. 220 g / 8 oz)

1 trozo fresco de jengibre (aprox. $1/2$ cm / $1/4$ pulgada)

$1/8$ l (4 fl oz) de leche de coco | 200 ml (7 fl oz) de leche | 1 cs de helado de vainilla o de coco

1 lima | 1 cs de miel

1 trozo de jengibre escarchado

🕐 Elaboración: 15 min

➤ Aprox. 110 kcal por ración

1 | Pelar el caqui y cortarlo en trozos grandes. Lavar la lima con agua caliente y cortarle un poco de la piel. Exprimir a continuación el zumo. Pelar el jengibre y picarlo muy fino.

2 | Triturar bien el caqui, el zumo de limón, el jengibre, la leche de coco, la leche, el helado y la miel en la batidora y verterlo todo en las copas.

3 | Picar fino el jengibre escarchado, cortar la piel de lima en tiras finas. Espolvorear ambas cosas por encima.

de postre | cremoso

Batido de chocolate con almendrados

PARA 2 PERSONAS

➤ 40 g ($1^{1/2}$ oz) de almendrados

50 g (2 oz) de chocolate de leche entera | 2 cs de cacao en polvo

400 ml (14 fl oz) de leche

1 cs de sirope de café

🕐 Elaboración: 20 min

➤ Aprox. 375 kcal por ración

1 | Echar los almendrados en una bolsa de plástico y aplastarlos con el rodillo hasta hacerlos migas. Reservar 2 ct para la decoración posterior.

2 | Partir el chocolate en trozos y derretirlos en un cazo al baño María. Dejarlo enfriar un poco, triturarlo a continuación fino con las migas de almendrado, el cacao en polvo, la leche y el sirope de café con la trituradora o la batidora.

3 | Verter el batido en copas y espolvorear por encima las migas de almendrado reservadas con anterioridad.

cremoso | suave

Batido de leche con melocotón

PARA 2 PERSONAS

➤ 4 mitades de melocotón en almíbar

1 cs de zumo de limón

2 cs de almendras ralladas

$1/4$ l de leche | 100 g (4 oz) de suero de leche

2 cs de azúcar | cardamomo molido para espolvorear

🕐 Elaboración: 10 min

➤ Aprox. 275 kcal por ración

1 | Escurrir los melocotones y cortarlos en trozos gruesos.

2 | Triturar los melocotones con el zumo de limón, las almendras, la leche, el suero de leche y el azúcar con la trituradora o la batidora. Verterlo todo en las copas y espolvorearlas con el cardamomo.

CONSEJO

La leche con melocotones frescos y aromáticos sabe aún mejor en verano. Para ello, escalde los melocotones y quíteles la piel.

refrescante | ligero
Batido de café con helado

PARA 2 PERSONAS

➤ ¹/₈ l (4 fl oz) de café fuerte y caliente | 1 sobrecito de azúcar vainillado

1 ct de cacao en polvo

1 bola de helado de vainilla

300 ml (10 fl oz) de leche

🕐 Elaboración: 10 min

🕐 Congelación: aprox. 4 h

➤ Aprox. 145 kcal por ración

1 | Mezclar el café con el azúcar vainillado y el cacao en polvo. Dejar enfriar, introducirlo después en el congelador durante unas 4 h . Remover de vez en cuando. Congelar las copas durante los últimos 10 min.

2 | Batir brevemente el granizado de café con el helado de vainilla y la leche con la batidora o la trituradora. Verterlo todo en las copas y servirlas con una pajita.

➤ Va muy bien con: galletas, barquillos o granos de café recubiertos de chocolate.

afrutado | aromático
Batido de leche al caramelo

PARA 2 PERSONAS

➤ 60 g de azúcar

100 ml (3¹/₂ fl oz) de zumo de naranja (mejor recién exprimido)

¹/₄ l (9 fl oz) de leche
150 g (6 oz) de yogur natural cremoso

1 cs de mermelada de naranja

cacao en polvo para espolvorear

🕐 Elaboración: 10 min (sin utilizar el congelador)

➤ Aprox. 320 kcal por ración

1 | Caramelizar el azúcar en un cazo a fuego medio. Añadir el zumo de naranja (¡atención!: suele salpicar bastante) y continuar removiéndolo y cociéndolo hasta que se haya vuelto a derretir. Dejar enfriar.

2 | Triturar el caramelo de naranja con la leche, el yogur y la mermelada de naranja con la trituradora o la batidora y verterlo en las copas. Espolvorear por encima el cacao en polvo y servir.

refrescante | cremoso
Batido de helado

PARA 2 PERSONAS

➤ 1 limón

25 g (1 oz) de chocolate con leche | 2 bolas de helado de fresa o de frambuesa

350 ml (12 fl oz) de leche

100 g (4 oz) de nata

1 cs de sirope de fruta (preferiblemente de grosellas o fresa, o miel)

🕐 Elaboración: 10 min

➤ Aprox. 395 kcal por ración

1 | Lavar el limón con agua caliente, pelarlo y cortar la piel en juliana. Picar el chocolate.

2 | Descongelar un poco el helado, batirlo a continuación con la leche, la nata y el sirope con la batidora o la trituradora. Verterlo todo en las copas y espolvorear por encima la mezcla de chocolate y limón.

CONSEJO

También están muy ricos los helados de limón, plátano, yogur o de nuez.

sabroso | afrutado

Batido de ciruelas y manzana

PARA 2 PERSONAS

- ➤ 10 ciruelas pasas sin hueso

  el zumo de 1 naranja
  2 manzanas pequeñas ácidas

  1 sobrecito de azúcar vainillado

  1 pizca de canela en polvo y 1 pizca de clavo molido

  1 cs de miel | 2 ct de zumo de limón | 300 ml (10 fl oz) de leche

- 🕐 Elaboración: 30 min
- ➤ Aprox. 250 kcal por ración

1 | Cortar las ciruelas en daditos y mezclarlos con el zumo de naranja en una fuente. Tapar y dejar reposar 15 min.

2 | Cortar las manzanas en cuartos, pelarlas y despepitarlas. Echar la manzana troceada con el azúcar vainillado, la canela en polvo, el clavo molido y 2 cs de agua en una olla. Rehogar las manzanas tapadas a fuego lento durante unos 10 min hasta que se ablanden. Remover de vez en cuando y añadir agua si es necesario.

3 | Triturar las ciruelas con el zumo de naranja y la miel con la batidora o la trituradora. Si fuera necesario, agregar un poco de agua.

4 | Deje enfriar las manzanas, triturarlas con el zumo de limón y la leche. Verter en las copas, cubrir con la salsa de ciruelas y remover con unos palitos en forma de espiral.

sabrosos | para disfrutar a cucharadas

Sueños de plátano

PARA 2 PERSONAS

- ➤ 2 plátanos | 1 cs de zumo de limón

  $1/8$ l (4 fl oz) de café recién hecho, pero ya frío

  3 cs de sirope de pera

  200 ml (7 fl oz) de leche

  150 g (6 oz) de yogur natural

- 🕐 Elaboración: 15 min
- ➤ Aprox. 200 kcal por ración

1 | Pelar los plátanos y cortarlos en dados gruesos. Mezclarlos con el zumo de limón.

2 | Triturar el expreso con los plátanos, el sirope de pera, la

leche y el yogur con la trituradora o la batidora. Verterlo en dos copas y beberlo inmediatamente.

CONSEJO

DECORACIÓN

Para los sofisticados sueños de plátano, practicar un corte en las rodajas de plátano, embadurnar los bordes con cacao en polvo y clavar las rodajas en el borde de la copa. También queda muy bonito esparcir algunos granos de café bañados en chocolate por encima del batido. O lavar un racimo de plátanos pequeños y cortarlos a lo largo con su piel, practicar un corte en la cáscara y clavarlos en el borde de la copa. Para el batido de ciruelas y manzana, lavar 1 naranja con agua caliente, cortar la piel en forma de espiral y colgarla del borde de la copa.

afrutado | sabroso
Batido de fresa

PARA 2 PERSONAS

➤ 250 g (9 oz) de fresas
1 cs de azúcar de lustre
4 ramas de albahaca
1 ct de granos de pimienta verde, frescos o secos
350 ml (12 fl oz) de leche
1 ct de zumo de limón
1 cs de sirope de caramelo (o miel)

🕐 Elaboración: 30 min
➤ Aprox. 220 kcal por ración

1 | Lavar las fresas con cuidado, escurrirlas. Arrancarles los tallos o cortarlos. Picar las fresas y mezclarlas con el azúcar de lustre.

2 | Deshojar la albahaca, lavar las hojas y secarlas con papel de cocina, si es necesario. Triturar las fresas con la albahaca, la pimienta, la leche, el zumo de limón y el sirope de caramelo con la trituradora o la batidora. Verterlo todo en las copas.

refrescante | para disfrutar a cucharadas
Flip de frambuesa

PARA 2 PERSONAS

➤ 150 g (6 oz) de frambuesas congeladas
2 cs de coco rallado
200 ml (7 fl oz) de leche
120 ml (4 fl oz) de leche de coco
3 cs de azúcar de lustre
un poco de ralladura de limón

🕐 Elaboración: 5 min
➤ Aprox. 180 kcal por ración

1 | Reservar algunas frambuesas para más adelante. Triturar en la batidora el resto de las bayas sin descongelar con 1 cs de coco rallado, la leche y la leche de coco, así como el azúcar de lustre.

2 | Mezclar el resto del coco rallado con la ralladura de limón.

3 | Verter el flip de frambuesa en las copas y decorarlas con la mezcla de coco y limón, y con el resto de las frambuesas.

cremoso | suave
Batido de leche con cereza y chocolate

PARA 2 PERSONAS

➤ 250 g (9 oz) de cerezas jugosas y dulces o 200 g (7 oz) de guindas en conserva
50 ml (2 fl oz) de zumo de naranja
2 cs de cacao en polvo
2 cs de azúcar
300 ml (10 fl oz) de leche
chocolate de cobertura para decorar

🕐 Elaboración: 15 min
➤ Aprox. 300 kcal por ración

1 | Lavar las cerezas, quitarles el rabillo y los huesos. Triturarlas con el zumo de naranja en la batidora o en la trituradora.

2 | Mezclar el cacao en polvo con el azúcar y la mitad de la leche y calentar hasta que el cacao se haya diluido. Dejar que se enfríe, triturarlo todo de nuevo con el puré de cereza y la leche restante. Verter en las copas y decorar con el chocolate.

afrutado | para disfrutar
a cucharadas

Batido de membrillo

PARA 2 PERSONAS

➤ 1 membrillo (aprox.
250 g/9 oz)) | ¹/₈ l (4 fl oz)
de zumo de membrillo (o
sidra)

2 cs de azúcar | 1 rama de
canela

350 ml (12 fl oz) de leche

2 cs de dulce de
membrillo (o azúcar)

nuez moscada recién
rallada para espolvorear

🕐 Elaboración: 30 min

➤ Aprox. 285 kcal por ración

1 | Frotar el vello de la piel del
membrillo. Cortarlo en cuartos, pelarlo, despepitarlo y
cortarlo en trocitos. Cocer
tapado con el zumo, el azúcar
y la canela, unos 15 min a fuego medio hasta que se haya
ablandado el membrillo.

2 | Dejar enfriar. Retirar la
canela. Triturar el membrillo
con el líquido, la leche y el
dulce con la batidora o la trituradora. Verterlo todo en las
copas y espolvorearlo ligeramente con nuez moscada.

afrutado | sabroso

Batido de ciruelas y arándanos

PARA 2 PERSONAS

➤ 250 g (9 oz) de ciruelas
1 vaina de vainilla | 1¹/₂ cs
de azúcar
50 ml (2 fl oz) de vino tinto
300 ml (10 fl oz) de leche
2 cs de arándanos
silvestres en conserva

🕐 Elaboración: 25 min

➤ Aprox. 190 kcal por ración

1 | Lavar las ciruelas, partirlas,
deshuesarlas y cortarlas en
trocitos. Abrir la vaina de vainilla a lo largo y raspar la pulpa. Cocer tapadas las ciruelas
con la vainilla, el azúcar y el
vino durante 10 min a fuego
medio, luego destapar y seguir
cociendo otros 5 min. Dejar
que se enfríe.

2 | Triturar las ciruelas junto
con su líquido, la leche y los
arándanos con la batidora o la
trituradora, y verterlo todo en
las copas correspondientes.

afrutado | suave

Batido de moras e higos

PARA 2 PERSONAS

➤ 3 higos
200 g (7 oz) de moras
1 ct de zumo de limón
2 cs de sirope de caramelo
(o miel)
1 cs de crema de almendras
¹/₄ l (9 fl oz) de leche
100 g (4 oz) de nata agria
1 cs de pistachos sin salar

🕐 Elaboración: 10 min

➤ Aprox. 330 kcal por ración

1 | Pelar los higos y cortarles
dos buenos trozos del centro.
Picar el resto. Lavar con cuidado las zarzamoras.

2 | Triturar los higos y las
moras con el zumo de limón,
el sirope, la crema, la leche y
la nata agria en la batidora o
la trituradora. Verterlo todo
en las copas. Rallar los pistachos o picarlos fino, y espol-
vorearlos por encima. Clavar
las tiras de higo en el borde de
la copa.

exótico | afrutado
Batido de plátano y mango

PARA 2 PERSONAS

➤ ¹/₂ mango

1 plátano

2 cs de zumo de lima

2 cs de sirope de coco (o sirope de caramelo o azúcar de lustre)

100 ml (3¹/₂ fl oz) de leche de coco

300 ml (10 fl oz) de leche

cardamomo molido para espolvorear

🕐 Elaboración: 10 min

➤ Aprox. 170 kcal por ración

1 | Pelar el mango y cortar la pulpa en rodajas muy finas. Reservar algunas para más adelante. Pelar el plátano y trocearlo.

2 | Triturar el mango y el plátano con el zumo de lima, el sirope y la leche de coco, así como la leche con la batidora o la trituradora. Verterlo en las copas, decorarlas con las rodajas de mango y espolvorear un poco de cardamomo por encima.

afrutado | rico en vitaminas
Energía exótica

PARA 2 PERSONAS

➤ 100 g (4 oz) de alquequenjes (fisalis)

1 clementina sin pepitas

¹/₂ papaya | 1 lima

2 cs de coco rallado

350 ml (12 fl oz) de leche

3 cs de sirope de arce

1 rodaja de piña

🕐 Elaboración: 15 min

➤ Aprox. 360 kcal por ración

1 | Pelar los alquequenjes. Reservar 2, partir por la mitad los demás. Pelar la clementina. Deshuesar la papaya, pelarla y trocearla. Exprimir la lima.

2 | Triturar la fruta así preparada con el zumo de limón, el coco rallado, la leche y el sirope en la batidora o en la trituradora, y verterlo todo en las copas. Pelar la rodaja de piña, cortarla en cuatro trozos, y practicarles un corte. Hacer un corte también a los dos alquequenjes, y clavarlos junto con los trozos de piña en el borde de las copas.

cremoso | suave
Batido de leche con castañas

PARA 2 PERSONAS

➤ 100 g (4 oz) de castañas peladas y cocidas

100 ml de zumo de pomelo (preferiblemente recién exprimido) | 2 cs de sirope de caramelo (o miel)

1 cs de jalea de manzana (o dulce de membrillo)

¹/₄ l de leche | 150 g (6 oz) de suero de leche

clavo molido

🕐 Elaboración: 10 min

➤ Aprox. 280 kcal por ración

1 | Picar groseramente las castañas y triturarlas con ayuda de la trituradora junto con el zumo, el sirope y la jalea. Añadir la leche y el suero de leche, y batirlo todo de nuevo.

2 | Verter la leche con las castañas en las copas y espolvorear por encima el clavo molido.

TRUCO Quien no consiga castañas puede utilizar en su lugar crema de nueces y un poco de chocolate derretido.

Batidos: fríos y picantes

¿Le apetecer tomar un poco de leche, pero no siempre con algo dulce? Entonces ha acertado plenamente con este capítulo, pues trata sobre la leche batida con hierbas aromáticas y verduras, aromatizada en ocasiones con un poco de fruta, pero en cualquier caso siempre con mucho sabor. Los batidos ricos en vitaminas son ideales como ligero tentempié, están estupendos como merienda o incluso como un excepcional primer plato o aperitivo.

Recetas rápidas

Batido de hierbas

PARA 2 PERSONAS

➤ 1 manojo de hierbas variadas
(por ejemplo albahaca, eneldo, perejil,
borraja y cebollino) | 1 diente de ajo
$^1/_4$ l de leche | 200 g (7 oz) de yogur
natural
2 cs de pipas de girasol
sal | pimienta recién molida

1 | Lavar las hierbas y secarlas. Quitarles
los tallos más gruesos y reservar unas hojas
para más adelante. Pelar el ajo y machacar-
lo en el mortero.

2 | Triturar las hierbas, el ajo, la leche, el
yogur y las pipas de girasol con la trituradora o la batidora. Añadir sal y pimienta.
Verterlo en las copas y decorarlas con las
hojas de las hierbas reservadas.

Batido de leche con rábanos

PARA 2 PERSONAS

➤ 1 manojo de rábanos
200 ml (7 fl oz) de leche | 200 ml
(7 fl oz) de suero de leche
sal | pimienta recién molida
unas gotas de tabasco
$^1/_2$ manojo de berro

1 | Lavar los rábanos y limpiarlos. Cortar
varias rodajas grandes del centro, trocear
el resto y triturarlo todo junto con la leche
y el suero de leche en la trituradora o la
batidora.

2 | Condimentar con la sal, la pimienta
y el tabasco, y verterlo en las copas. Picar el
berro con las tijeras de cocina y echarlo
por encima con las rodajas de rábano.

suave | afrutado
Batido de zanahoria con cardamomo

PARA 2 PERSONAS

➤ 200 g (7 oz) de zanahorias
2 vainas de cardamomo
200 ml (7 fl oz) de zumo de manzana
150 g (6 oz) de nata agria
$1/4$ l (9 fl oz) de leche | sal
pimienta recién molida
$1/2$ ct de cardamomo molido | piel de limón , cortada en juliana o en espiral

🕐 Elaboración: 35 min
➤ Aprox. 250 kcal por ración

1 | Pelar las zanahorias, cortarlas en rodajas finas. Cocerlas tapadas con las vainas de cardamomo y el zumo de manzana a fuego medio 20 min hasta que estén blandas.

2 | Triturar las zanahorias con el líquido, la nata agria y la leche en la trituradora o en la batidora. Condimentarlo con la sal, la pimienta y el cardamomo molido, verterlo todo en las copas. Decorar con la piel del limón.

para disfrutar a cucharadas | cremoso
Batido de lima y aguacate

PARA 2 PERSONAS

➤ $1/2$ aguacate | 1 lima
1 trozo pequeño de chile rojo
4 ramas de melisa
400 ml (14 fl oz) de leche
sal
1 pizca de comino estrellado en polvo

🕐 Elaboración: 10 min
➤ Aprox. 250 kcal por ración

1 | Pelar el aguacate y trocearlo. Lavar la lima con agua caliente, rallar su piel y exprimir el zumo. Picar fino el chile. Lavar la melisa, escurrirla y deshojarla. Reservar algunas hojas para la decoración.

2 | Triturar el aguacate con el zumo y la ralladura de lima, el chile, la melisa y la leche en la trituradora o en la batidora. Condimentarlo con la sal y el anís estrellado. Picar el resto de la melisa y decorar con ella el batido.

picante | refrescante
Batido de rúcula

PARA 2 PERSONAS

➤ 1 manojo grande de rúcula
1 cs de piñones
2 ct de alcaparras
$1/4$ l (9 fl oz) de leche
200 g (7 oz) de nata ácida cremosa
sal | pimienta recién molida
ralladura de $1/2$ limón

🕐 Elaboración: 15 min
➤ Aprox. 200 kcal por ración

1 | Lavar la rúcula y cortarle los tallos gruesos. Escurrirla y picarla groseramente.

2 | Triturar la rúcula con los piñones, las alcaparras, la leche y la nata agria en la trituradora o la batidora. Condimentarlo todo con la sal y la pimienta, y verterlo todo en las copas. Espolvorear por encima la ralladura de limón.

TRUCO
En lugar de la rúcula, pruebe este batido con perifollo, apio o perejil.

sabroso | rico en vitaminas

Batido de pimiento y apio

PARA 2 PERSONAS

➤ 1 pimiento rojo pequeño
1 rama de apio
50 g (2 oz) de queso gorgonzola (o algún otro tipo de queso azul)
2 ramas de tomillo
400 ml (14 fl oz) de leche
sal
pimienta recién molida
1 pizca de harissa (pasta picante de chile)

🕐 Elaboración: 10 min
➤ Aprox. 240 kcal por ración

1 | Lavar el pimiento y el apio, limpiarlos y cortarlos en dados. Quitarle la corteza al queso. Lavar el tomillo, secarlo y deshojarlo.

2 | Triturar bien la verdura, el queso y el tomillo con la leche en la trituradora o la batidora. Condimentarlo con la sal, la pimienta y la harissa, y verterlo todo en las copas.

afrutado | picante

Batido picante de leche con melón

PARA 2 PERSONAS

➤ 1 melón Galia de 300 g (11 oz)
1 manojo de eneldo
1 vaina verde de chile
1 cs de zumo de limón
1/4 l (9 oz) de leche
150 g (6 oz) de suero de leche
1 ct de miel | sal

🕐 Elaboración: 10 min
➤ Aprox. 195 kcal por ración

1 | Despepitar el melón y quitarle también las fibras, pelarlo y trocearlo grueso. Lavar el eneldo y escurrirlo a continuación, quitarle las puntas. Lavar el chile, límpiarlo y trocearlo fino.

2 | Triturar el melón con el eneldo, el chile, el zumo de limón, la leche y el suero de leche en la trituradora o en la batidora. Condimentarlo con la miel y la sal, y verterlo todo en las copas.

sabroso | refrescante

Batido de menta

PARA 2 PERSONAS

➤ 1 manojo de menta
1 lima
1/4 l (9 fl oz) de leche
200 g (7 oz) de nata agria
2 cubitos de hielo
sal | pimienta de Cayena

🕐 Elaboración: 10 min
➤ Aprox. 195 kcal por ración

1 | Lavar la menta y escurrirla. Deshojarla. Lavar la lima con agua caliente, rallar la piel y exprimir el zumo.

2 | Triturar la menta junto con el zumo de lima, la leche, la nata agria y los cubitos de hielo en la batidora. Condimentarlo con la piel de lima, la sal y la pimienta de Cayena, y verterlo en las copas.

CONSEJO

Se pueden comprar diferentes tipos de menta. Pruebe con hierbabuena o bien con menta bergamota.

**para disfrutar
a cucharadas**

Batido rosa

PARA 2 PERSONAS

➤ 1 remolacha pequeña
(200 g /7 oz) | 1 naranja
sanguina

100 ml de zumo de saúco
(o zumo de grosellas)

$1/8$ l (4 fl oz) de leche

$1/8$ l (4 fl oz) de suero de
leche | 2 ct de nata agria

1 pizca de azúcar | sal

pimienta recién molida

puntas de eneldo
para decorar

🕑 Elaboración: 15 min

🕑 Cocción : 30–40 min

➤ Aprox. 100 kcal por ración

1 | Lavar la remolacha y cocerla tapada en una cazuela con agua, a fuego medio, de 30 a 40 min hasta que esté blanda.

2 | Escurrir la remolacha, pelarla y dejar que se enfríe. Cortarla en dados gruesos. Pelar también la naranja sanguina, despepitarla y eliminar la piel que cubre los gajos.

3 | Triturar la remolacha roja junto con la naranja y el zumo, la leche y el suero de leche con la trituradora o la batidora. Condimentarlo con el azúcar, la sal y la pimienta.

4 | Verter el batido en las copas, disponer encima 1 ct de nata agria, formando una espiral con ayuda de un palillo. Decorarlo con el eneldo.

afrutado | sabroso

Batido de tomate

PARA 2 PERSONAS

➤ 2 cs de piñones

5 tomates secos en aceite

2 tomates frescos
y bien maduros

100 g (4 oz) de nata agria
300 ml (10 fl oz) de leche

sal | pimienta recién
molida

1 pizca de pimienta
de Cayena

hojas de albahaca
para decorar

🕑 Elaboración: 15 min

➤ Aprox. 175 kcal por ración

1 | Tostar los piñones en una sartén sin aceite a fuego medio hasta que se doren. Retirarlos y picarlos groseramente. Reservar 2 ct para decorar.

2 | Escurrir los tomates secos y trocearlos. Lavar y trocear los tomates frescos, quitarles el tallo.

3 | Triturar bien los tomates secos y frescos junto con los piñones y la nata agria en la batidora o la trituradora. Agregar la leche y condimentar el batido con la sal, la pimienta y la pimienta de Cayena hasta que tenga un sabor picante.

4 | Verter el batido en las copas, espolvorear en cada una de ellas 1 ct de los piñones reservados con anterioridad, y decorarlas con la albahaca.

CONSEJOS

Si los tomates tienen muchas semillas, procure quitarlas en la medida de lo posible cuando los trocee.

El batido será más aromático si lo condimenta con un poco de tomate concentrado y con una chispa de vinagre balsámico.

En la parte superior: **Batido rosa**   *En la parte inferior:* **Batido de tomate** ➤

afrutado | copioso

Batido de tomate y manzana

PARA 2 PERSONAS

➤ 1 manzana pequeña y ácida (aprox. 150 g /6 oz)

1 ct de pimienta verde fresca o seca | 1 manojo de albahaca

100 ml ($3^1/_2$ fl oz) de zumo de tomate

200 ml (7 fl oz) de leche
200 g (7 oz) de suero de leche

sal | 1 pizca de azúcar

🕐 Elaboración: 20 min

➤ Aprox. 130 kcal por ración

1 | Cortar la manzana en cuartos, pelarlos y despepitarlos. Cortarlos en rodajas y cocerlos tapados con 2 cs de agua y la pimienta a fuego lento 10 min.

2 | Deshojar la albahaca, reservar unas hojas para más adelante. Triturar la manzana con la pimienta, la albahaca y el zumo en la trituradora o en la batidora. Añadir el suero de leche y la leche, y batirlo de nuevo. Condimentarlo con la sal y el azúcar, y verterlo en las copas. Picar la albahaca restante y espolvorearla por encima.

refrescante | ligero

Mix de pepino y berro

PARA 2 PERSONAS

➤ $^1/_2$ pepino (aprox. 200 g / 7 oz)

1 maceta de berro

200 g (7 oz) de kéfir

200 ml (7 fl oz) de leche

2 ct de rábano rusticano recién rallado o de tarro

sal | 1 ct de miel (o sirope de arce)

🕐 Elaboración: 10 min

➤ Aprox. 145 kcal por ración

1 | Pelar el pepino y dividirlo longitudinalmente a la mitad. Sacar la grana y cortar las mitades en trozos pequeños. Cortar el berro con las tijeras de cocina, reservar 2 ct para más adelante.

2 | Triturar fino el pepino, el berro y el kéfir con la trituradora o la batidora. Agregar la leche y el rábano rusticano y batirlo todo de nuevo con fuerza. Condimentarlo con la sal y la miel, y verterlo todo en las copas. Decorarlas con el berro restante.

rico en vitaminas

Batido de mango y calabacín

PARA 2 PERSONAS

➤ 1 calabacín pequeño (aprox. 120 g /5 oz)

$^1/_4$ de mango (aprox. 150 g /6 oz)

2 cs de semillas de sésamo

$^1/_8$ l (4 fl oz) de zumo de zanahoria

300 g (11 oz) de leche

2 ct de zumo de limón

sal | gomasio

🕐 Elaboración: 15 min

➤ Aprox. 175 kcal por ración

1 | Lavar el calabacín, limpiarlo y trocearlo. Pelar el mango y trocearlo. Tostar el sésamo en una sartén sin aceite a fuego medio hasta que comience a desprender aroma. Machacarlo en el mortero.

2 | Triturar el calabacín, el mango, el sésamo y el zumo de manzana con la trituradora o la batidora. Agregar la leche y batirlo de nuevo. Condimentar con el zumo de limón y la sal, y verterlo todo en las copas. Condimentarlo con el gomasio a su gusto.

Batidos calientes

¿Hace mucho frío en la calle y desea tomar algo para entrar en calor? ¿Un batido especial que le haga disfrutar después de un largo día de fatigas? ¿O simplemente le apetece algo calentito recién hecho para relajarse por la tarde? En ese caso, pruebe un cortado o un chocolate caliente o cualquier otra bebida con leche, a veces incluso con algo de hielo. ¡En todo caso se trata de exquisiteces que son ideales para agasajar y hacer sentir bien a cualquiera!

Recetas rápidas

Batido de galletas

PARA 2 PERSONAS

➤ 60 g (2 oz) de galletas que se
desmigajen (por ejemplo, brownies)

100 g (4 oz) de nata

1 cs de miel

350 ml (12 fl oz) de leche

canela, clavo y cardamomo para
espolvorear por encima

1 | Desmigajar las galletas con los dedos
y mezclarlas con la nata y la miel. Dejar
que las migas se empapen durante 5 min.

2 | Calentar la leche en un cazo, pero sin
que hierva. Agregar las migas de galleta
y batirlo muy bien. Verter en tazas o copas
y espolvorear por encima las especias.

Caliente y helado

PARA 2 PERSONAS

450 ml (16 fl oz) de leche

3 cs de miel

3 cs de crema de almendras

1 pizca de canela en polvo

2 bolas de helado de vainilla

1 mitad de albaricoque en almíbar

1 | Triturar bien la leche junto con la miel
y la crema de almendras con la batidora
en una olla. Calentarlo sin que hierva.
Condimentarlo con la canela.

2 | Verter la leche en vasos o en copas,
y colocar en el centro de cada uno 1 bola
de helado de vainilla. De acuerdo con las
preferencias de cada uno, cortar las mitades de albaricoque en rodajas y decorar
con ellas el batido.

cremosa | para disfrutar
a cucharadas

Leche caliente con plátano

PARA 2 PERSONAS

➤ 1 plátano

1 cs de mantequilla

2 cs de miel

1 ct de zumo de limón

400 ml (14 fl oz) de leche

canela en polvo para espolvorear

🕐 Elaboración: 10 min

➤ Aprox. 260 kcal por ración

1 | Pelar el plátano y partirlo por la mitad a lo largo. Calentar la mantequilla en una sartén. Freír en ella las mitades de plátano por cada lado a fuego medio entre 2 y 3 min. Mezclar la miel con el zumo de limón y regar el plátano. Reservar en caliente.

2 | Calentar la leche en un cazo, sin dejar que hierva. Chafar el plátano groseramente con el tenedor y agregarlo a la leche. Batirlo todo muy bien con la batidora, y verterlo en tazas o en copas. Esparcir por encima la canela.

afrutado | rico en
vitaminas

Batido de bayas y adormidera

PARA 2 PERSONAS

➤ 30 g de adormidera recién molida | 400 ml (14 fl oz) de leche | 2 cs de azúcar

100 g (4 oz) de bayas variadas (frambuesas, moras, fresas)

2 ct de miel

pimienta recién molida

2 cs de nata montada

🕐 Elaboración: 15 min

➤ Aprox. 315 kcal por ración

1 | Llevar a ebullición la adormidera con la leche y el azúcar. Retirar del fuego y dejar en infusión tapado unos 10 min.

2 | Limpiar las bayas, lavarlas si fuera necesario, y quitarles el tallo. Triturarlas junto con la miel con ayuda de la batidora. Condimentar con la pimienta.

3 | Verter la leche de adormidera en tazas o en copas, agregar con cuidado el puré de bayas, y rematar con un poco de nata montada.

reconfortante | aromático

Batido con leche, naranja y canela

PARA 2 PERSONAS

➤ 1 naranja

2 terrones de azúcar

450 ml (16 fl oz) de leche

2 cs de sirope de arce (o miel) | 2 cs de mermelada de naranja

$1/2$ ct de canela en polvo

🕐 Elaboración: 10 min

➤ Aprox. 195 kcal por ración

1 | Lavar la naranja con agua, calentar y rallar la piel con los terrones de azúcar sobre un plato. De esta forma, la piel de la naranja resulta mucho más fina que con el rallador. En el caso de que sobre un trozo de azúcar, utilícelo para otra ocasión.

2 | Mezclar la leche con el sirope de arce, la mermelada y la canela en una olla, y calentarlo todo sin que comience a hervir. Verter la leche en copas o en tazas, y repartir la piel de naranja por encima. ¡Servirlo todo de inmediato!

Reconfortante | Sabroso

Chocolate caliente

PARA 2 PERSONAS

➤ 50 g (2 oz) de chocolate semiamargo

400 ml (14 fl oz) de leche

1 pizca generosa de canela en polvo | 1 pizca generosa de chile en polvo

2 cs de nata montada (opcional)

🕐 Elaboración: 10 min

➤ Aprox. 210 kcal por ración

1 | Trocear el chocolate y echarlo junto con la leche en un cazo. Calentar lentamente a fuego medio, pero sin que hierva. Remover continuamente para que el chocolate se deshaga de forma homogénea y no se queme.

2 | Condimentar la leche con el chocolate, la canela y el chile. Verterlo en tazas grandes y altas, y hacer espuma.

3 | Si se desea, rematar el chocolate con 1 cs de nata montada. Servirlo bien caliente.

Cremoso | Suave

Cacao caliente

PARA 2 PERSONAS

➤ 25 g (1 oz) de cacao en polvo

2 cs de azúcar

$^1/_2$ l (17 fl oz) de leche

2 cs de nata montada

cacao en polvo para espolvorear

🕐 Elaboración: 10 min

➤ Aprox. 285 kcal por ración

1 | Mezclar 25 g (1 oz) de cacao en polvo con el azúcar y 2 cs de leche fría y remover.

2 | Verter la leche en un cazo y calentarla, sin que llegue a hervir. Agregar el cacao batiendo con las varillas.

3 | Verter el cacao en tazas altas y hacer la espuma que se desee. Decorar cada taza de cacao con 1 cs de nata y repartir por encima el resto del cacao en polvo.

CONSEJOS

DOS RECETAS BÁSICAS, MUCHAS VARIANTES

➤ El chocolate caliente se puede enriquecer con un poco de alcohol. Va muy bien con cualquier licor y un poco de ralladura de naranja, o güisqui con un poco de nata y chocolate rallado, amaretto y almendrados desmenuzados, o también con un buen coñac o brandy.

➤ También podemos darle un toque de sofisticación al cacao con un poco de alcohol, o con 1 cs de crema de avellana o de almendras, un poco de nata y nueces ralladas ligeramente tostadas.

➤ La vainilla va muy bien con ambos batidos. Abra a lo largo la vaina de vainilla y saque su pulpa. Cueza la vaina y la pulpa en la leche.

al estilo italiano
Cortado

PARA 2 PERSONAS

➤ 400 ml (14 fl oz) de leche desnatada

$1/8$ l (4 fl oz) de café expreso recién hecho

4 ct de azúcar

🕐 Elaboración: 10 min

➤ Aprox. 125 kcal por ración

1 | Calentar la leche en un cazo, sin que hierva.

2 | Endulzar el café con el azúcar. Servir la leche en tazas o en vasitos altos y hacer abundante espuma. Verter despacito el café sobre el dorso de una cucharilla para que se mezcle de un modo más atractivo con la leche. ¡Servir el cortado sin demora!

CONSEJO Endulzar previamente el café y no el cortado una vez hecho, tiene una ventaja: después de vertido el café en la leche, no hace falta removerlo, y eso le da un aspecto mucho más atractivo.

cremoso | para disfrutar a cucharadas
Espuma de moka

PARA 2 PERSONAS

➤ 2 cs de cacao en polvo

350 ml (12 fl oz) de leche desnatada

1 cs de azúcar

$1/8$ l (4 fl oz) de café expreso recién hecho | 1 cs de sirope de chocolate (opcional)

🕐 Elaboración: 10 min

➤ Aprox. 140 kcal por ración

1 | Mezclar el cacao en polvo con un poco de leche fría o de agua. Calentar el resto de la leche en un cazo, sin que hierva. Tomar la mitad y mezclarla con la mitad del cacao y el azúcar.

2 | Espumar la leche y el cacao, primero la leche y luego el cacao, y finalmente verter con cuidado el café en copas o en vasos altos. Los líquidos no deben mezclarse. Regar con sirope al gusto. ¡Servirlo de inmediato!

italiano | suave
Capuchino

PARA 2 PERSONAS

➤ 300 ml (10 fl oz) de leche desnatada

$1/8$ l (4 fl oz) de café expreso recién hecho

cacao en polvo para espolvorear

🕐 Elaboración: 10 min

➤ Aprox. 60 kcal por ración

1 | Calentar la leche en un cazo, sin que llegue a hervir. Verter el café en tazas grandes. Espumar la leche y verterla despacio por encima, añadiendo a cucharadas el resto de la espuma de leche por encima del capuchino. Espolvorearlo con el cacao.

CONSEJO El café con leche se sirve en taza grande, mezclando el café con leche caliente sin espuma. El capuchino claro se hace con mayor cantidad de leche y menos café, mientras que el capuchino oscuro lleva más café y menos leche.

contundente | para
disfrutar a cucharadas
Egg nogg

PARA 2 PERSONAS

➤ 2 huevos muy frescos

2 cs de azúcar | ¹/₂ l
(17 fl oz) de leche

1 cs de pulpa de escaramujo
(o jalea de espino amarillo)
8 uvas negras

2 brochetas

canela en polvo para
espolvorear

🕐 Elaboración: 15 min

➤ Aprox. 310 kcal por ración

1 | Batir los huevos junto con el
azúcar en una olla con ayuda de
las varillas de la batidora eléctrica hasta que salga espuma.

2 | Calentar la leche en una
segunda olla, pero sin que
hierva. Posteriormente, aña-
dirla poco a poco a la mezcla
de huevo sin dejar de remover. Mezclarlo todo con la
pulpa de escaramujo, calen-
tarla y continuar removiendo.

3 | Lavar las uvas y ensartarlas
en las brochetas. Verter el egg
nogg en copas y espolvorear
con un poco de canela. Decorar con los pinchos de uva.

para disfrutar
a cucharadas | afrutado
Leche caliente
con manzana
y helado

PARA 2 PERSONAS

➤ 1 manzana dulce

1 cs de mantequilla | 1 cs
de azúcar | 400 ml (14 fl oz)
de leche

2 cs de zumo de manzana

1 cs de sirope de caramelo
(o azúcar) | 1 pizca de nuez
moscada recién rallada

2 bolas de helado de
vainilla | hojas de menta
para decorar

🕐 Elaboración: 20 min

➤ Aprox. 315 kcal por ración

1 | Cortar la manzana en
cuartos, pelarlos y despepitar-
los. Cortar los trozos de manzana en rodajitas muy finas.

2 | Fundir la mantequilla en
una sartén y derretir en ella
el azúcar. Añadir las rodajas
de manzana y caramelizarlas
sin dejar de remover durante
5 min a fuego medio.

3 | Calentar la leche con el
zumo de manzana y el sirope
de manzana, pero sin que
hierva. Hacer puré la manzana
aplastándola con un tenedor.

4 | Mezclar rápidamente el
puré de manzana con la leche
con ayuda de las varillas, y
condimentarlo todo con la
nuez moscada. Verter el batido en copas de boca ancha y
espumar. Introducir en cada
copa 1 bola de helado en el
centro y decorarlo con la
menta. Servirlo de inmediato.

CONSEJOS

➤ Si lo desea, también puede preparar el egg nogg con
alcohol. En lugar de la pulpa de escaramujo, puede
añadir por ejemplo 2 cs de güisqui y 1 cs de licor de
café.

➤ La leche caliente con helado también está muy rica
con pera, membrillo o papaya. Saltee y caramelice
estas frutas hasta que estén bien blandas. Si lo prefiere, puede agregar Calvados o coñac a la leche.

afrutado | ácido
Batido de escaramujo

PARA 2 PERSONAS

➤ 350 ml (12 fl oz) de leche
   150 g (6 oz) de nata
   2 cs de puré de escaramujo
   1 cs de miel
   nuez moscada recién rallada

🕒 Elaboración: 10 min
➤ Aprox. 395 kcal por ración

1 | Calentar la leche con la nata, pero sin que hierva. Agregar el puré de escaramujo, reservando una pequeña parte para más adelante. Endulzarlo con la miel.

2 | Verter la leche caliente en tazas, rociar con el resto del puré de escaramujo y hacer dibujos con un palillo de madera o el mango de una cuchara. Espolvorear con la nuez moscada y beberlo de inmediato.

especialidad de la India
Leche de cardamomo

PARA 2 PERSONAS

➤ 3 vainas de cardamomo
   1 ct de hojas de té negro (por ejemplo té de Ceylán)
   1 trozo de piel de naranja (o piel de lima)
   $^{1}/_{4}$ l de leche | 4 ct de azúcar

🕒 Elaboración: 20 min
➤ Aprox. 110 kcal por ración

1 | Introducir las cápsulas de cardamomo en $^{1}/_{4}$ l (9 fl oz) de agua en un cazo, llevar a ebullición y cocer 10 min a fuego medio. Retirar y dejar en infusión otros 10 min.

2 | Echar las hojas de té en una tetera precalentada. Añadir la infusión de cardamomo y la piel de naranja y dejar en infusión unos 3 min.

3 | Calentar la leche con el azúcar. Colar el té y verterlo en la leche. ¡Servirlo de inmediato!

picante | reconfortante
Té indio

PARA 2 PERSONAS

➤ 1 cs de mezcla de té india
   $^{1}/_{4}$ l (9 fl oz) de leche | 50 g (2 oz) de nata
   $^{1}/_{2}$ sobrecito de azúcar vainillado

🕒 Elaboración: 25 min
➤ Aprox. 165 kcal por ración

1 | Hervir la mezcla de té con $^{1}/_{4}$ l (9 fl oz) de agua. Cocer tapado a fuego lento 20 min.

2 | Colar el té y verterlo en la leche caliente. Montar la nata y agregarle el azúcar vainillado. Servir el té indio en tazas. Rematar con la nata, repartiéndola con un palillo de madera o el mango de una cuchara, de modo que forme un remolino.

CONSEJO

También puede preparar usted mismo la mezcla de té moliendo 4 vainas de cardamomo, 4 granos de pimienta, 3 clavos, $^{1}/_{2}$ rama de canela y 1 rodaja de jengibre.

Batidos y cócteles con alcohol

¿Leche con alcohol? ¿Estará bueno? ¡Pues claro que sí! Fría o caliente, con fruta o sin ella; la leche y el alcohol hacen buena pareja. Juntos constituyen un gran placer y, en cualquier caso, merece la pena probarlos a modo de aperitivo exótico, como un cóctel de frutas para relajarse o también como el comienzo de una noche de fiesta. ¡El éxito entre sus invitados está asegurado!

Recetas rápidas

Batido de limoncello

PARA 2 PERSONAS
➤ 2 bolas de helado de limón
400 ml (14 fl oz) de leche
4 cs de limoncello
(licor italiano de limón)
2 ramas de melisa para decorar

1 | Batir el helado con la leche con la batidora o la trituradora. Agregar el limoncello y verter el batido en las copas.

2 | Lavar la melisa y escurrirla. Cuelgue las ramas en el borde de las copas para decorar.

Latte ristretto

PARA 2 PERSONAS
➤ 300 ml (10 fl oz) de leche
$^{1}/_{8}$ l (4 fl oz) de café expreso recién hecho
1 $^{1}/_{2}$ cs de sirope de expreso (o 1 cs de azúcar)
2 cs de anís
6 granos de café

1 | Calentar la leche en un cazo, pero sin que hierva. Verterla en las copas y espumar.

2 | Mezclar el café con el sirope y el anís y verterlo zigzagueando en la leche. Decorarlo con los granos de café.

cremoso | suave
Batido de maracuyá con avellana

PARA 2 PERSONAS

➤ 100 ml (3^1/$_2$ fl oz) de néctar de maracuyá (o de mango)

2 cs de crema de avellana

4 cs de licor de naranja

400 ml (14 fl oz) de leche

1 cs de azúcar de lustre

2 fresas (o alquequenjes)

⏱ Elaboración: 5 min

➤ Aprox. 265 kcal por ración

1 | Triturar el néctar de maracuyá con la crema de avellana, el licor de naranja, la leche y el azúcar de lustre con la trituradora o la batidora hasta que esté espumoso, y verterlo a continuación en las copas.

2 | Lavar las fresas y darles un corte. Clavarlas en el borde de la copa.

CONSEJO En lugar del néctar de maracuyá y el licor de naranja, pruebe con zumo multivitamínico y licor Bols de plátano verde.

afrutado | refrescante
Batido de melón y Campari

PARA 2 PERSONAS

➤ 1 trozo de melón de aprox. 300 g (11 oz)

50 g (2 oz) de frambuesas congeladas

300 ml (10 fl oz) de leche

50 g (2 oz) de nata

3 cs de Campari

2 cs de azúcar

⏱ Elaboración: 10 min

➤ Aprox. 345 kcal por ración

1 | Desechar las semillas y las fibras del melón, pelarlo y trocearlo.

2 | Triturar el melón con las frambuesas sin descongelar, la leche, la nata, el Campari y el azúcar en la batidora. Servirlo en las copas.

aperitivo | afrutado
Blue fruit

PARA 2 PERSONAS

➤ 1 ^{1}/$_2$ plátanos pequeños

^{1}/$_4$ mango

100 g (4 oz) de alquequenjes (o uvas espinas)

1 bola de helado de vainilla

300 ml (10 fl oz) de leche

4 cs de curaçao

1 cs de ron blanco

⏱ Elaboración: 15 min

➤ Aprox. 230 kcal por ración

1 | Pelar 1 plátano y el mango, y cortar grueso ambas cosas. Pelar los alquequenjes, lavarlos, reservar 2 alquequenjes para más adelante.

2 | Triturar las frutas con el resto de los ingredientes con ayuda de la trituradora o de la batidora. Verter el batido en las copas.

3 | Lavar los demás plátanos, cortarlos en rodajas finas, al igual que los alquequenjes reservados. Hacer un corte a las rodajas de plátano y clavarlas en las copas. Repartir los alquequenjes en el batido.

reconfortante | cremoso
Choco-coco caliente

PARA 2 PERSONAS

➤ 50 g (2 oz) de chocolate semiamargo

1 vaina de vainilla

300 ml (10 fl oz) de leche

100 ml (3¹⁄₂ fl oz) de leche de coco

3 cs de licor de coco

1 cs de azúcar

1 cs de coco rallado

1 pizca de clavo molido

🕐 Elaboración: 10 min

➤ Aprox. 272 kcal por ración

1 | Trocear el chocolate, abrir a lo largo la vaina de vainilla y raspar la pulpa. Mezclarlo todo con la leche y la leche de coco en un cazo y calentarlo, sin que rompa a hervir.

2 | Añadir el licor de coco y el azúcar y hacer abundante espuma. Verter el batido en copas altas. Mezclar el coco rallado con el clavo molido y esparcirlo por encima.

reconfortante | rápido
Batido con Calvados

PARA 2 PERSONAS

➤ 450 ml (16 fl oz) de leche

4 cs de Calvados

1 cs de miel aromática (por ejemplo miel de flores del bosque) | canela en polvo para espolvorear

🕐 Elaboración: 5 min

➤ Aprox. 215 kcal por ración

1 | Calentar la leche, pero sin que rompa a hervir. Agregar el Calvados y la miel y disolverla por completo.

2 | Verter la leche caliente en tazas altas, espumar. Espolvorear la canela por encima.

rico en vitaminas | reconfortante
Batido con pasas y Marsala

PARA 2 PERSONAS

➤ 60 g (2 oz) de uvas pasas

100 ml (3¹⁄₂ fl oz) de Marsala

350 ml (12 fl oz) de leche

1 cs de miel | 1 pizca de canela en polvo

🕐 Elaboración: 15 min

🕐 Reposo: 30 min

➤ Aprox. 260 kcal por ración

1 | Dejar en remojo las pasas en el Marsala durante 30 min. Retirarlas y picarlas muy fino.

2 | Calentar el Marsala con la leche y la miel. Condimentarlo con la canela. Verterlo en tazas y agregar las pasas picadas.

CONSEJOS

➤ Con la elección del alcohol puede variar el sabor de la leche de forma sustancial. En lugar de Calvados y miel, pruebe con amaretto y un poco de licor de coco, güisqui y sirope de caramelo o licor de cassis y sirope de grosellas o zumo de pera.

➤ También resulta excelente sustituir las uvas pasas por albaricoques, higos o ciruelas secos. Y en lugar del Marsala, está riquísimo con moscatel.

reconfortante | sabroso

Café con leche oriental

PARA 2 PERSONAS

➤ 1 naranja

4 terrones de azúcar

350 ml (12 fl oz) de leche

4 vainas de cardamomo
1 rama de canela | 2 clavos

$1/8$ l (4 fl oz) de café recién hecho

2 cs de miel (o azúcar) | 2 cs de licor de naranja

1 cs de pistachos sin salar

⏱ Elaboración: 15 min

➤ Aprox. 235 kcal por ración

1 | Lavar la naranja con agua caliente, frotar la piel con los terrones de azúcar. Echarlos en un cazo.

2 | Agregar la leche con las especias y la piel de naranja y calentarlo todo, sin que rompa a hervir. Retirar del fuego, dejar en infusión 10 min y colarlo. Volver a calentarlo y espumar en el cazo.

3 | Verter la leche en las copas. Mezclar el café con la miel y el licor, y verterlo en la leche.

4 | Picar los pistachos y repartirlos por encima. Servir de inmediato.

afrutado | para disfrutar a cucharadas

Batido de albaricoque flameado

PARA 2 PERSONAS

➤ 200 g (7 oz) de albaricoques (frescos o en conserva)

2 cs de azúcar | 400 ml (14 fl oz) de leche | 50 g (2 oz) de nata

1 cs de sirope de caramelo (o sirope de chocolate o miel) | 4 cs de ron añejo

canela en polvo para espolvorear

⏱ Elaboración: 20 min

➤ Aprox. 380 kcal por ración

1 | Lavar los albaricoques, partirlos y deshuesarlos. Cortarlos en daditos y mezclarlos con el azúcar en un cazo. Cocer tapado a fuego lento unos 10 min. Dejar que se enfríe y triturarlo con la trituradora eléctrica.

2 | Mezclar la leche con el puré de albaricoque y calen-

tarlo sin dejar de remover. Montar la nata y añadirle el sirope. Verter la leche con albaricoque en vasos.

3 | Verter el ron en un cucharón y calentarlo sobre la llama de una vela. Mantener el cucharón ligeramente inclinado hasta que se encienda el ron. Verterlo en la leche.

4 | Rematar la leche en cada vaso con nata y sirope. Espolvorear la canela por encima.

CONSEJO

Para flamear hay que proceder con mucho cuidado: ate el pelo largo en forma de cola, no encienda el alcohol cerca de las cortinas o de objetos fácilmente inflamables. Y sírvalo siempre cuando ya se haya extinguido la llama.

aperitivo | cremoso
Cocoflip

PARA 2 PERSONAS

➤ ½ manojo de menta
- ¼ l (9 fl oz) de leche
- 2 cs de sirope de coco (o 1 cs de azúcar de lustre)
- 4 cs de licor de coco
- ¼ l (9 fl oz) de leche de coco
- 1 cs de menta
- 1 cs de azúcar de lustre

🕐 Elaboración: 15 min
➤ Aprox. 155 kcal por ración

1 | Lavar la menta y escurrirla. Deshojarla y picar las hojas. Machacar la menta en el mortero, triturarla con 50 ml (2 fl oz) de leche en la trituradora y pasarla por un colador.

2 | Mezclar el sirope y el licor de coco con el resto de la leche y la leche de coco. Hacer abundante espuma.

3 | Mezclar el puré de menta y el licor de menta con el azúcar de lustre. Verter el batido de coco en las copas y agregar lentamente la mezcla de menta y licor.

afrutado | suave
Batido de uvas

PARA 2 PERSONAS

➤ 150 g (6 oz) de uvas negras
- ⅛ l (4 fl oz) de mosto
- 4 cs de licor de cassis
- 300 ml (10 fl oz) de leche
- 1 ½ cs de azúcar de lustre
- chips de coco para repartir por encima (o coco rallado)

🕐 Elaboración: 15 min
➤ Aprox. 290 kcal por ración

1 | Lavar las uvas, reservar algunas hermosas para adornar. Partir en dos el resto de las uvas y despepitarlas. Triturarlas con el mosto en la batidora o en la trituradora.

2 | Añadir el licor de cassis, la leche y el azúcar de lustre al puré de uvas y volver a batirlo todo muy bien. Verterlo en las copas. Repartir por encima los chips de coco y decorar las copas con las uvas reservadas. Hacerles un corte a las uvas y clavarlas en el borde de las copas (o ensartarlas en pinchos y colocarlas atravesadas sobre el borde).

afrutado | refrescante
Leche 43 deluxe

PARA 2 PERSONAS

➤ ½ plátano
- 200 ml (7 fl oz) de zumo de piña
- 300 ml (10 fl oz) de leche
- 4 cs de licor 43
- 1 cs de azúcar de lustre
- 4 cubitos de hielo
- 2 trozos de piña para decorar

🕐 Elaboración: 5 min
➤ Aprox. 160 kcal por ración

1 | Pelar el plátano y cortarlo en rodajas gruesas. Triturarlas bien con la batidora, junto con el zumo de piña, la leche, el licor, el azúcar de lustre y los cubitos de hielo.

2 | Verter la leche en las copas y espumar. Adornar las copas con los trozos de piña. ¡Servir de inmediato!

CONSEJO La leche 43 deluxe sabe también muy rica con zumo de maracuyá, de zarzamora o de ciruela.

Glosario

Cacao

Se elabora a partir de las semillas de los frutos del árbol de cacao que se abren después de la cosecha. Durante el proceso de fermentación desarrollan su aroma característico, y las semillas inicialmente blancas adquieren un color marrón oscuro. Posteriormente, las semillas se secan, se tuestan y se muelen.

Cassis

Este licor de origen francés, elaborado a partir de grosellas negras, posee un sabor aromático y afrutado a la vez, y es ideal para mezclar en bebidas con leche.

Castañas

Las castañas aparecen en el mercado en otoño. Prepararlas uno mismo resulta bastante pesado. Hay que asarlas u hornearlas y pelarlas, lo cual es muy laborioso. Hoy se pueden comprar ya cocidas, peladas y envasadas al vacío. Las encontrará en la sección de frutas y verduras de los supermercados.

Crema y manteca de frutos secos

Las avellanas, las almendras o cualquier otro tipo de semillas o de granos son molidos finamente y se ofrecen en tarros junto con el aceite que se va posando en el fondo durante el proceso de elaboración. En el supermercado se consigue sólo la manteca de cacahuete, pero en las tiendas especializadas en productos naturales o dietéticos se ofrece un surtido mucho más amplio.

Curaçao

Este licor posee un sabor amargo y ligeramente dulce, y se utiliza para hacer batidos sobre todo debido a su color intensamente azul. Se aromatiza con un tipo asiático de mandarina.

Espino amarillo

Estas bayas de color naranja del arbusto del espino amarillo contienen mucha vitamina C y gran cantidad en minerales que fortalecen el sistema inmunológico. Debido a que la extracción del zumo y el proceso de elaboración para convertirlo en jalea y en puré son muy laboriosos, los productos de espino amarillo son relativamente caros. Se consiguen en tiendas especializadas en productos naturales o dietéticos.

Fruta en conserva

En lo que se refiere a la preparación de los batidos, sobre todo en invierno, constituye una buena opción respecto a la fruta fresca, tan castigada durante los grandes trayectos que suele recorrer para su transporte. Al comprarla, procure que la fruta sea al natural, no en almíbar, pues la primera es más jugosa que la segunda y es más baja en calorías.

Harissa

Esta pasta se elabora con vainas rojas de chile o de pimiento, ajo, anís estrellado, cilantro, vinagre y aceite, y es ideal como condimento. Se consigue en tiendas de comestibles árabes. Este tipo de pasta se conserva mejor y sobre todo durante más tiempo en tubo, y no en lata.

Leche de coco

Se elabora a partir de pulpa molida de coco y agua. Se vende en latas o en tetrabrik. ¡Cómprela sin edulcorar!

Limas

Estos cítricos poseen un sabor mucho más intenso y más dulce que los limones. Actualmente se pueden comprar en cualquier supermercado. Conviene que estén verdes. Si amarillean es que están demasiado maduros.

Limoncello

Este famoso licor de limón procede del sur de Italia, para ser más exactos, de la región de Campania. Su aroma se debe a la piel de limón macerada en alcohol durante mucho tiempo. El limoncello, tanto solo como en un batido, sabe mejor bien frío.

Puré de escaramujo

Se elabora a partir de la pulpa de los frutos del agavanzo. Este puré ácido posee un sabor amargo. Se consigue en las tiendas especializadas en productos naturales y dietéticos.

Semillas de adormidera

Estas semillas son especialmente ricas en grasas que se suele poner rancias con relativa rapidez. Por eso debe molerse siempre fresca, o cuando se compra se le encarga a alguien que la muela. De esto se ocupan algunas tiendas dietéticas y algún que otro panadero. Consúltelo. La adormidera que no vaya a consumir de inmediato es preferible que la congele.

Sirope de arce

Este sirope se consigue sangrando los árboles de arce sacarino de EE UU y del Canadá. La savia que se obtiene de dichos árboles se hierve hasta conseguir un sirope espeso. Posee un sabor muy aromático parecido al caramelo. Una vez abierto el envase, guárdelo en la nevera.

Vainas de vainilla

Mayor cantidad de pulpa poseen las vainas enteras, es decir la pulpa existente en su interior. Ésta se obtiene abriendo longitudinalmente la vaina y raspando la pulpa con el recazo de un cuchillo.

Zumos de fruta

De acuerdo con la normativa de la Unión Europea, los zumos de fruta se elaboran con un 100 % de fruta o de concentrados de fruta, y pueden contener hasta 15 g de azúcar por litro (58 partes por galón). El néctar de frutas se elabora a partir de zumo de fruta, concentrado de zumo de fruta, pulpa de fruta, agua y azúcar. En la Unión Europea, una bebida a base de zumo de fruta sólo tiene que contener un mínimo del 6 % de zumo de fruta. Preste atención durante la compra a la mejor calidad y lea con atención la información que aparezca en los envases.

Modo de empleo

Con el fin de encontrar más fácilmente las recetas con determinados ingredientes, hemos añadido a este índice los ingredientes principales, como por ejemplo manzanas o espino amarillo, destacándolos en **negrita** y ordenados alfabéticamente. sobre las recetas correspondientes.

La autora

Cornelia Schinharl desde hace más de 15 años plasma en papel su experiencia como redactora independiente de temas relacionados con la gastronomía y las bebidas, y es autora de libros de cocina. Su potencial creativo parece inagotable. En este libro, ha desarrollado una serie de creaciones que van a deleitar a más de un paladar.

El fotógrafo

Kai Mewes es fotógrafo independiente de temas relacionados con la gastronomía. Vive en Múnich (Alemania), y trabaja para diferentes editoriales y agencias de publicidad. Sus imágenes sugerentes son el fiel reflejo de su intento de plasmar y fundir la fotografía, el estilismo y el placer culinario al mismo tiempo. Daniel Petri fue el responsable del estilismo culinario de este libro.

Muchas gracias a...

La Sociedad de Marketing Central CMA de la Explotación Agraria Alemana, que ha surtido al equipo de redacción durante la elaboración de este libro con refrescantes batidos de leche. Y gracias también al equipo "Maria" de Múnich por sus fotografías.

Fotografías

Peter von Felbert: portada, pág. 2 (inferior), pág. 4, pág. 9 (superior e inferior)
Fotografías restantes: Kai Mewes

Jefe de redacción:
Birgit Rademacker
Redacción: Stefanie Poziombka
Revisión y composición:
Christina Kempe (Múnich)
Maquetación, tipografía y diseño de cubierta:
Independent Medien Design (Múnich)
Producción:
Helmut Giersberg

Título original:
Milchshakes, süss und pikant
Traducción: Julio Otero Alonso

© Gräfe und Unzer GmbH y EDITORIAL EVEREST, S. A.
Carretera León-La Coruña, km 5 - LEÓN
ISBN: 84-241-1701-8
Depósito Legal: LE: 289-2005
Printed in Spain - Impreso en España

EDITORIAL EVERGRÁFICAS, S. L.
Carretera León-La Coruña, km 5
LEÓN (ESPAÑA)

www.everest.es
Atención al cliente: 902 123 400

ABREVIATURAS:

cs = cucharada sopera
ct = cucharadita de té
fl oz = onza fluida
g = gramo
h = hora
kcal = kilocalorías
kg = kilogramo
l = litro
lb = libra
min = minuto
ml = mililitros
oz = onza

GLOSARIO DE TÉRMINOS

España	Latinoamérica	En inglés
Albaricoque	Durazno, damasco	Apricot
Alubia blanca	Judía blanca, haba blanca	Beans
Beicon	Tocino de puerco, panceta, tocineta	Bacon
Cacahuete	Cacahuate, maní	Peanut
Calabacín	Calabacita, calabaza, zapallito	Zucchini
Callo, morro	Mondongo	Tripe
Cochinillo	Lechón, cochinita, cerdito	Piglet
Creps	Crepas, panqueque, arepas	*Crêpe*
Dulce, membrillo	Ate, dulce de cereza	Quince
Entremés	Botana, copetín, entremeses	*Hors d´oeuvre*
Especias diversas	Recaudo	Spice
Filete	Escalopa, bife, biftec	Steak
Fresa	Frutilla	Strawberry
Gamba	Camarón	Shrimp
Guisante	Chícharo, arveja, habichuelas	Pea
Helado	Nieve, mantecado	Ice-cream
Judía verde	Ejote, chaucha	String bean
Maíz	Elote, choclo	Corn
Melocotón	Durazno	Peach
Nata	Crema de leche, crema doble, natilla	Cream
Patata	Papa	Potato
Pavo	Guajolote	Turkey
Pimiento verde	Ají	Pepper
Plátano	Plátano macho, banana, guineo	Banana
Salpicón	Ceviche, ceviche criollo	
Salsa	Aliño, mole	Sauce
Sésamo	Ajonjolí	Sesame
Setas	Hongos, mushrooms	Mushrooms
Tomate rojo	Jitomate, tomate	Tomato
Tortilla	Torta, omelette, omellete	Omelet
Zumo	Jugo, néctar	Juice

TABLAS DE EQUIVALENCIAS Y CONVERSIONES

PESO

Sistema métrico	Sistema anglosajón
30 g	1 onza (oz)
110 g	4 oz (1/4 lb)
225 g	8 oz (1/2 lb)
340 g	12 oz (3/4 lb)
450 g	16 oz (1 lb)
1 kg	$2^{1/4}$ lb
1,8 kg	4 lb

CAPACIDAD (líquidos)

ml	fl oz (onzas fluidas)
30 ml	1 fl oz
100 ml	$3^{1/2}$ fl oz
150 ml	5 fl oz
200 ml	7 fl oz
500 ml	17 fl oz
1 l	35 fl oz

LONGITUD

pulgadas	equivalente métrico
1 pulgada	2,54 cm
5 pulgadas	12,70 cm
10 pulgadas	25,40 cm
15 pulgadas	38,10 cm
20 pulgadas	50,80 cm

TEMPERATURAS (Horno)

°C	°F	Gas
70	150	1/4
100	200	1/2
150	300	2
200	400	6
220	425	7
250	500	9

ESPUMAR LA LECHE

1

- ➤ Calentar la leche, pero sin que rompa a hervir.
- ➤ La leche que mejor levanta espuma es la leche desnatada y homogeneizada.
- ➤ Levántele la espuma a la leche justo antes de servirla, preferiblemente dentro de la taza y con ayuda de la máquina eléctrica.

Garantía de éxito
para los batidos con leche

FROTE LA PIEL DE LOS CÍTRICOS

4

- ➤ Lave los cítricos siempre con agua caliente, y séquelos a continuación.
- ➤ Frote la piel con un terrón de azúcar para que se haga más fina y eliminar la piel blanca y amarga.
- ➤ O utilice el pelador: con él puede dividir la piel en tiras mucho más finas.

SIRVA LAS BEBIDAS CON LECHE

7

- ➤ Las bebidas frías con leche están muy buenas cuando se toman con una pajita no demasiado fina.
- ➤ Sírvalas siempre con una cuchara para que no se tenga que dejar en la copa o en el vaso la espuma o los ingredientes más duros (como, por ejemplo, los trocitos de fruta).

HIERBAS Y ESPECIAS

- ➤ Las hierbas frescas dan a los batidos un mejo aroma (cómprelas en macetas).
- ➤ Recoja las hojas de las ramas para decorar just antes de servir las bebidas.
- ➤ Muela las especias justo antes de añadirlas a los batidos, pues así tendrán un mayor aroma (para ello, utilice el molinillo o el mortero).